BEI GRIN MACHT SICH IHR WISSEN BEZAHLT

Strategische Unternehmensführung. Strategischer Wandel bei der Gesundheits- und Medizintechnik AG

Lina Mätzschker (geb. Bongert)

Bibliografische Information der Deutschen Nationalbibliothek:

Die Deutsche Nationalbibliothek verzeichnet diese Publikation in der Deutschen Nationalbibliografie; detaillierte bibliografische Daten sind im Internet über http://dnb.d-nb.de abrufbar.

ISBN: 9783346478429
Dieses Buch ist auch als E-Book erhältlich.

© GRIN Publishing GmbH
Nymphenburger Straße 86
80636 München

Druck und Bindung: Books on Demand GmbH, Norderstedt Germany
Gedruckt auf säurefreiem Papier aus verantwortungsvollen Quellen

Das vorliegende Werk wurde sorgfältig erarbeitet. Dennoch übernehmen Autoren und Verlag für die Richtigkeit von Angaben, Hinweisen, Links und Ratschlägen sowie eventuelle Druckfehler keine Haftung.

Das Buch bei GRIN: https://www.grin.com/document/1066511

Deutsche Hochschule für
Prävention und Gesundheitsmanagement
Hermann Neuberger Sportschule 3
66123 Saarbrücken

Einsendeaufgabe

Fachmodul:	Strategische Unternehmensführung II
Studiengang:	Master Prävention und Gesundheitsmanagement
Datum Präsenzphase:	25.05. – 28.05.2021
Name, Vorname:	Mätzschker, Lina
Studienort:	**Köln**
Semester:	**1**

Inhaltsverzeichnis

1   BODO MÜLLERS PLAN 4

1.1   Gründe für Wandel 4

1.2   Aspekte des Strategiewandels 5

1.3   Barrieren und Widerstände 5

2   CHANGE MANAGEMENT 6

2.1   Gründe für Scheitern 7

2.2   Veränderungen meistern 9

3   STRATEGIEIMPLEMENTIERUNG 11

3.1   Durchsetzung 12

3.2   Umsetzung 13

4   BALANCED SCORECARD 16

4.1   Ursache-Wirkungskette 16

4.2   Festlegung Ziele, Kennzahlen, Vorgaben und Maßnahmen 17

5   UNTERNEHMENSETHIK 18

5.1   Praxisbeispiel 18

5.2   Unternehmenswerte 19

5.3   Wertebruch 20

5.4   Konsequenzen 21

6   LITERATURVERZEICHNIS 23

7   ABBILDUNGS-, TABELLEN- UND ABKÜRZUNGSVERZEICHNIS 24

7.1   Abbildungsverzeichnis 24

7.2   Tabellenverzeichnis..24

7.3   Abkürzungsverzeichnis...24

Aus Gründen der besseren Lesbarkeit wird auf die Nennung einzelner Geschlechter (z.B. Krankenhausärzt:in) verzichtet. Grundsätzlich sind alle Geschlechtsidentitäten mit eingeschlossen.

1 Bodo Müllers Plan

Bodo Müller ist bei der Gesundheits- und Medizintechnik AG als Marketing Direktor der Abteilung Vertrieb tätig. Die Gesundheits- und Medizintechnik AG gehört zu den weltweit größten und bedeutendsten Lieferanten in der Gesundheitsindustrie und ist unterteilt in sieben unabhängige Unternehmenseinheiten. Jede Unternehmenseinheit ist für die Entwicklung, Produktion und das Marketing einer einzelnen Produktlinie zuständig (Angiographie, Nuklearmedizin, Ultraschall, Computertomographie, In-vitro Immundiagnose, Medizin IT Systeme, Zubehör). Trotz der guten wirtschaftlichen Lage der Gesundheits- und Medizintechnik AG sah Bodo Müller, aufgrund der Änderung des Markt- und Kundenverhaltens dringenden Handlungsbedarf die Marketingstrategie zu verändern.

1.1 Gründe für Wandel

Das Marketing wurde zuvor an den Bedürfnissen der Krankenhausärzte ausgerichtet, die bis vor ein paar Jahren als wesentlicher Entscheidungsträger für den Einkauf von medizinischen Geräten galten. Allerdings wurden die Einkaufsentscheidungen mittlerweile von der Krankenhausadministration und den Einkaufsabteilungen übernommen, die dabei vor allem ökonomische Gründe berücksichtigten. Bodo Müller vertrat deshalb die Ansicht, dass das Marketing und der Verkauf an die Bedürfnisse und Herausforderungen des C-Levels (bspw. CEO, CFO und CIO) angepasst werden sollten.

Einen weiteren Grund für einen Wandel sah Bodo Müller darin, dass die Gesundheits- und Medizintechnik AG als technologie- und ingenieurorientiert wahrgenommen wird. In der Vergangenheit, als die Kaufentscheidungen noch durch die Krankenhausärzte erfolgte, war diese Außenwirkung ideal. Durch die Verlagerung der Kaufentscheidung war es für die Gesundheits- und Medizintechnik AG allerdings von großer Relevanz, ganzheitliche Lösungen anzubieten, die ebenfalls die Effizienz im Krankenhaus steigern sollten.

Des Weiteren wird durch die Politik einer Erhöhung der Gesundheitsausgaben entgegengewirkt. Die damit verbundene niedrige staatliche Finanzierung für Krankenhäuser sorgt dafür, dass diese bereits bestehende Geräte instand halten, anstatt Investitionen in neue Geräte zu tätigen.

1.2 Aspekte des Strategiewandels

Bodo Müller war der Auffassung, dass das Marketing und der Verkauf zukünftig an die Bedürfnisse und Herausforderungen des C-Levels angepasst werden mussten. Wie eingangs erwähnt wird die Gesundheits- und Medizintechnik AG in sieben unabhängige Unternehmenseinheiten untergliedert. Jede Unternehmenseinheit hat ein eigenes Marketing-Team, dem ein VP (Vizepräsident)-Marketing als Abteilungsleiter vorsteht. Das C-Level Marketing ist nicht für jede einzelne Unternehmenseinheit möglich, sondern muss alle Produktlinien gemeinsam umfassen. Damit Bodo Müller die Marketing VPs von seiner neuen Strategie überzeugen und dafür sensibilisieren konnte, nutzte er das vierteljährliche Marketing-Board, bei dem alle Marketing VPs anwesend waren. Dabei präsentierte er ihnen harte Fakten in Form von Tabellen und Grafiken. Weiterhin veranschaulichte er die Herausforderung der C-Level Kunden und verdeutlichte, dass es den Kunden mit der derzeitigen Strategie an Zusatznutzen und Informationen fehlte.

Damit die Umsetzung der Strategie weiter fortschreiten konnte, initiierte Bodo Müller ein kleines, geschäftsübergreifendes Projekt, welches für die Entwicklung von Ideen für C-Level Marketing in Deutschland eingesetzt werden sollte. Durch die Vorstellung dieser Idee beim Meeting erhoffte sich Bodo Müller Unterstützung aller Unternehmenseinheiten zu bekommen.

Weiterhin wurde eine Arbeitsgruppe von Bodo Müller gegründet, die Vertreter aller Unternehmenseinheiten auf Arbeitsebene umfasste. Diese wurden von ihm zu einem Kick-off-Meeting eingeladen.

1.3 Barrieren und Widerstände

Widerstände seitens der Mitarbeiter sind die häufigste Ursache für einen gescheiterten Wandel (Lauer, 2019, S. 50). Auch bei Bodo Müllers initiierten Wandel könnte es zu Barrieren und Widerständen kommen. Mögliche Widerstände werden im Folgenden erläutert.

1. Unterschiedliche Betrachtung der Situation: Führungskräfte dienen als Treiber für einen Wandel (Lauer, 2019, S. 50). Aufgrund der guten wirtschaftlichen Lage sind die Führungskräfte, trotz Bodo Müllers verständlicher Präsentation, eventuell der Meinung, dass nichts geändert werden muss und andere Themen Vorrang haben. Dadurch, dass die Führungskräfte nicht hinter dem Wandel stehen, werden auch die Mitarbeiter nicht für den Wandel motiviert und es kommt zum Scheitern.

2. Angst der Machtopponenten vor Veränderung: Der Begriff Machtopponenten ist eine Domäne des Mittel- und Top-Managements (Lauer, 2019, S. 56). Die Führungskräfte könnten aufgrund des Wandels und der damit einhergehenden Strukturänderung fürchten, dass es zu einer Degradierung oder Entzug von Verantwortung kommt. Durch die Angst vor Einfluss- oder Statusverlust ist es wahrscheinlich, dass dies zu Widerständen gegenüber den Veränderungen führt.

3. Angst der Fachopponenten vor Veränderung: Fachopponenten sind auf der Mitarbeiter- und der unteren Führungsebene angesiedelt (Lauer, 2019, S. 56). Durch eine neue Strategie und den daraus resultierenden neuen Anforderungen könnten die Fachopponenten Angst vor einer Überforderung haben. Auch werden dadurch Routinen verändert, wodurch seitens der Fachopponenten Widerstände zu erwarten sind.

4. Lustlosigkeit: Diese Art von Widerstand ist aufgrund der nonverbalen Ausdrucksform und Passivität am wenigsten sichtbar (Lauer, 2019, S. 56). Die Lustlosigkeit konnte bereits bei Bodo Müllers initiierten Kickoff-Meeting beobachtet werden. Nur die Hälfte der eingeladenen Personen war erschienen und die, die da waren, schienen ungern dabei gewesen zu sein. Einige potenzielle Teilnehmer hatten zwar im Vorfeld zugesagt, waren dann aber nicht zum Kickoff-Meeting erschienen. Demzufolge haben die Mitarbeiter scheinbar kein Bestreben nach Veränderungen.

2 Change Management

Beim Change Management handelt es sich um eine optimale Steuerung von Unternehmenswandel, welches insbesondere den Faktor Mensch berücksichtigt. Nur durch die aktive Unterstützung der Mitarbeiter ist eine Umsetzung von Wandel möglich. Durch die dynamische Umwelt ist der Unternehmensalltag immer öfter von einem Wandel geprägt, wie z. B. durch den Klimawandel, die Globalisierung oder Digitalisierung. Andererseits wird ein Change Management auch beispielsweise bei einer Fusion oder Unternehmensübernahme notwendig. Dabei fokussiert sich Change Management vor allem darauf, den Weg zum Zielzustand optimal zu gestalten (Lauer, 2019, S. 3-6).

2.1 Gründe für Scheitern

Kotter (2007, S. 2) hatte ein Jahrzehnt lang über 100 Unternehmen dabei beobachtet, wie sie sich selbst zu besseren Wettbewerbern umgestalten wollten. Einige Veränderungen waren sehr erfolgreich, andere wiederum scheiterten. Aus den erfolgreichen Fällen konnte abgeleitet werden, dass ein Veränderungsprozess durch eine Abfolge von Phasen verläuft, die eine gewisse Zeit in Anspruch nehmen. Einzelne Schritte zu überspringen, um den Prozess zu beschleunigen, führte nie zu einem zufriedenstellenden Ergebnis. Er entwickelte, auf seinen Erkenntnissen beruhend, das Acht-Stufen-Modell, welches acht Einflussfaktoren für das Scheitern eines Wandels darstellt (Kotter, 2007, S. 1).

Tab. 1: Acht-Stufen-Modell nach Kotter (Reisinger, Gattringer & Strehl, 2013, S.190)

Gründe für das Scheitern	
Stufe 1	Zu viel Selbstgefälligkeit
Stufe 2	Keine ausreichend starke Erneuerung-/Führungskoalition
Stufe 3	Die Kraft der Vision wird unterschätzt
Stufe 4	Mangelnde Kommunikation der Vision
Stufe 5	Zulassen, dass Hindernisse die neue Vision blockieren
Stufe 6	Die Unfähigkeit, schnelle Erfolge zu erzielen
Stufe 7	Zu früh den Sieg erklärt
Stufe 8	Kultur bleibt unverändert

Im Fall von Bodo Müller konnte der Plan nicht nach seinen Vorstellungen umgesetzt werden und der Wandel ist gescheitert. Nachfolgend sollen die vier zutreffenden Gründe für das Scheitern näher beleuchtet werden.

1. Grund: Zu viel Selbstgefälligkeit

Bodo Müller war es beim Marketing-Board nicht gelungen, die Dringlichkeit des Wandels hervorzubringen. Zwar hatte er seine Präsentation auf Fakten und Zahlen gestützt

7

und durch Grafiken und Tabellen veranschaulicht, allerdings befand sich die Gesundheits- und Medizintechnik AG in einer guten wirtschaftlichen Lage. Weiterhin hatte sie einen sehr guten Ruf und eine breite Kundenbasis mit guten Kundenbeziehungen. Dadurch gab es für die Marketing VPs keinen Anlass für eine Veränderun, weshalb sie nicht bereit waren ein Budget für die neue Marketingstrategie einzuräumen.

2. Grund: Keine ausreichend starke Erneuerungs-/Führungskoalition

Bodo Müller hatte es nicht geschafft eine ausreichend starke Erneuerungs-/Führungskoalition aufzubauen. Zwar hatte er eine Arbeitsgruppe gebildet, die aus Vertretern aller Unternehmenseinheiten bestanden, allerdings wurde dabei lediglich die Arbeitsebene, nicht jedoch die Führungsebene berücksichtigt. Jedoch ist es für einen Wandel unumgänglich, Führungskräfte miteinzubeziehen, da diese als aktive Unterstützer fungieren sollten. Weiterhin formen Senior Manager den Kern der Gruppe (Kotter, 2007, S. 5). Bodo Müller konnte bei den Marketing VPs keinen hohen Stellenwert für das Thema erreichen. Demnach konnten diese bei ihren Mitarbeitern auch nicht als Unterstützer für den Wandel dienen, weshalb diese gar nicht oder nur ungern bei der Arbeitsgruppe erschienen waren.

3. Grund: Die Kraft der Vision wird unterschätzt

Eine Vision soll helfen eine klare Richtung vorzugeben, in die sich das Unternehmen bewegen soll (Kotter, 2007, S. 5). Bodo Müller hatte beim Marketing-Board auf sachlicher Ebene klare und überzeugende Zahlen und Fakten präsentiert, allerdings hatte er keine Zielvorstellung mit entsprechender Strategie vorgestellt. Dadurch war die Botschaft der Präsentation zwar verständlich, jedoch hatte Bodo Müller durch eine fehlende Vision und Strategie nicht deutlich gemacht, wohin das alles führen sollte. Er minderte dadurch die Überzeugungskraft für sein Vorhaben.

4. Grund: Mangelnde Kommunikation der Vision

Bodo Müller hatte weder eine Vision noch eine Strategie formuliert und konnte diese dementsprechend auch nicht kommunizieren. Durch die fehlende Kommunikation konnten die Marketing VPs kein Verständnis und keine Akzeptanz für sein Vorhaben aufbringen.

2.2 Veränderungen meistern

Neben den möglichen Einflussfaktoren, die zum Scheitern eines Wandels führen, zeigt Kotter (2007, S. 4) ebenfalls Lösungsansätze für einen erfolgreichen Unternehmenswandel auf. Dabei handelt es sich um insgesamt acht sogenannte Beschleuniger (Kotter, 2007, S. 4).

1. Das Gefühl der Dringlichkeit wecken: Bodo Müller hätte in seiner Präsentation die Dringlichkeit für einen Wandel mehr hervorbringen müssen. Dafür hätte er die Wettbewerbssituation des Unternehmens analysieren und vorstellen müssen. Dabei hätte er vor allem auf eine mögliche Chance in der Branche eingehen sollen. Durch das Aufzeigen einer möglichen Erhöhung des Marktanteils und Umsatzes durch eine neue Marketingstrategie wäre die Dringlichkeit für einen Strategiewechsel bei den Marketing VPs deutlich geworden.

2. Ein starkes Leistungsteam zusammenstellen: Damit Bodo Müller mit seinem gewünschten Wandel weiterkommt, hätte er eine lenkende Koalition zusammenstellen müssen. Diese sollte nicht nur aus den Mitarbeitern der Arbeitsebene bestehen, sondern auch aus Führungskräften. Durch die Einbeziehung aller Marketing VPs hätten diese für die Mitarbeiter als aktive Unterstützer gedient. Auch das Top-Management des Unternehmens sollte in der leitenden Koalition vertreten sein. Durch Berücksichtigung der verschiedenen Hierarchiestufen und Unternehmenseinheiten verfügt die Koalition über mehr Informationen und Expertise und wird dadurch gleichzeitig viel kraftvoller.

3. Eine klare Zielvorstellung und eine Strategie für die Veränderung entwickeln: Für einen erfolgreichen Wandel ist eine Vision und eine Strategie unumgänglich. Bodo Müller hätte aufgrund dessen eine klare Vision formulieren müssen, die für die Mitarbeiter ein Zukunftsbild darstellt und diese motiviert. Gleichzeitig sollte diese möglichst leicht verständlich sein, damit sie jeder im Unternehmen nachvollziehen und verinnerlichen kann. Nach Kotter (2007, S. 6) sollte die Vision innerhalb von fünf Minuten oder weniger kommunizierbar sein und eine Reaktion von Verständnis und Interesse hervorrufen. Bodo Müller sollte außerdem Strategien entwickeln, um die neue Vision schrittweise zu realisieren.

9

4. Die Vision kommunizieren und für Verständnis und Akzeptanz sorgen: Ein Wandel funktioniert nicht, wenn die Mitarbeiter nicht bereit sind mitzuarbeiten. Aus diesem Grund gilt es, nicht nur eine Vision und Strategie zu haben, sondern diese auch zu kommunizieren. Dabei sollen alle existierenden Möglichkeiten für Kommunikation berücksichtigt werden, denn Kommunikation erfolgt durch Worte und Taten (Kotter, 2007, S. 6). Bodo Müller sollte die Vision und Strategien demnach sowohl mit Worten wiedergeben durch z. B. das Intranet, Newsletter oder Meetings und diese auch in seinem Verhalten widerspiegeln. Gleichzeitig gilt es, dass die lenkende Koalition ebenfalls in ihrer Kommunikation übereinstimmt, damit die Mitarbeiter neue Verhaltensweisen übernehmen. Durch einen Konsens beider Kommunikationsarten wird für Verständnis und Akzeptanz gesorgt. Bei Verhalten, welches nicht mit den Worten übereinstimmt, werden Veränderungen untergraben (Kotter, 2007, S. 6).

5. Handlungsfreiräume sichern und Hindernisse aus dem Weg räumen: Bei einer erfolgreichen Transformation werden viele Leute mit einbezogen, sobald der Prozess voranschreitet. Denn je mehr Menschen involviert sind, desto besser ist das Ergebnis (Kotter, 2007, S. 6). Bodo Müller hätte aus diesem Grund dafür sorgen müssen, dass die Mitarbeiter und Marketing VPs bestimmte Handlungsfreiräume haben, um möglichst Viele für sich zu gewinnen. Durch Ermutigung neue Ideen und Ansätze zu entwickeln, können diese den Wandel aktiv mitgestalten und sind viel motivierter bei der Umsetzung. Die einzige Vorgabe sollte sein, dass die Aktionen mit der festgelegten Vision übereinstimmen (Kotter, 2007, S. 6-7). Während des Unternehmenswandels kann es passieren, dass Hindernisse entstehen, die die neue Vision gefährden. Für Bodo Müller ist es deshalb wichtig, diese zu erkennen und zu beseitigen. Dabei sollte unverzüglich nach Erkennen des Hindernisses gemeinsam mit der leitenden Koalition über das Hindernis und die weitere Vorgehensweise gesprochen werden.

6. Für kurzfristige Erfolge sorgen: Damit die Beteiligten nicht die Motivation für den Unternehmenswandel verlieren, ist es wichtig, kurzfristige Ziele zu setzen (Kotter, 2007, S. 7). Bodo Müller könnte das angestrebte Ziel in mehrere kleine Teilziele aufteilen. Durch das Erreichen dieser einzelnen Teilziele würde die Motivation und Produktivität bei den Beteiligten gesteigert, da der Erfolg sichtbarer wäre. Für bestimmte Teilziele könnte Bodo Müller veranlassen, dass eine Prämie ausgezahlt wird oder Aktienanteile

übertragen werden, um die Beteiligten am Erfolg zu partizipieren und für ihre bereits harte Arbeit zu belohnen. Dadurch würde nochmal mehr die Motivation erhöht.

7. Nicht nachlassen, weitere Veränderungen einleiten: Es ist wichtig zu begreifen, dass Veränderungen des Unternehmens immer notwendig sein werden, um weiterhin wettbewerbsfähig zu bleiben. Aus diesem Grund sollte Bodo Müller regelmäßig Meetings mit den Marketing VPs, aber auch mit den Mitarbeitern auf Arbeitsebene einberufen, um ihnen die aktuellen Ergebnisse zu präsentieren. Durch das Aufzeigen bereits erreichter Änderungen wird die Akzeptanz und Motivation für weitere Veränderungen gesteigert.

8. Eine neue Unternehmenskultur entwickeln und verändern: Häufig kommt es dazu, dass sich die alten Werte wieder etablieren, wenn der Druck für den Wandel genommen wurde (Kotter, 2007, S. 8). Deshalb sollte Bodo Müller darauf aufmerksam machen, dass die neuen Vorgehensweisen, Einstellungen und das Verhalten dafür gesorgt haben, dass sich die Leistung verbessert hat. Dabei ist auch die Kommunikation erneut entscheidend, damit die Mitarbeiter die Verbindungen erkennen können. Weiterhin sollte ein Leitbild die neuen Werte verankern und die Mitarbeiter dazu ermutigt werden, auch zukünftig nach Veränderung und Anpassung zu streben.

3 Strategieimplementierung

„Implementing strategy is an action oriented, make-things-happen task that tests a manager's ability to direct organizational change, motivate people, develop core competencies, build valuable organizational capabilities, achieve continuous improvement in business processes, create a strategy supportive culture, and meet or beat performance targets" (Thompson & Strickland, 1998, S. 268). Ohne eine effiziente Strategieimplementierung bleibt der strategische Managementprozess erfolglos, da diese als zentrale Phase dessen angesehen wird (Welge, Al-Laham & Eulerich, 2017, S. 813). Die Phase der Strategieimplementierung wird in zwei Phasen unterschieden: die Durchsetzungs- und die Umsetzungsphase (Welge, Al-Laham & Eulerich, 2017, S. 815-816).

Nachfolgend wird davon ausgegangen, dass Bodo Müller die Marketing VPs und den CEO von seinem Plan überzeugen konnte und die Strategie nun implementiert werden soll.

3.1 Durchsetzung

In der Durchsetzungsphase soll durch verhaltensbezogene Aufgaben Strategieakzeptanz erreicht werden. Gerade in dieser Phase kann es zu Widerständen, Konflikten oder Implementierungsbarrieren kommen, da eine Strategieimplementierung einen tiefgreifenden Wandlungs- und Lernprozess im Unternehmen nach sich zieht. Die Durchsetzungsphase beinhaltet drei Maßnahmen (Welge, Al-Laham & Eulerich, 2017, S. 827).

1. Vermittlung der Strategie: Damit eine Strategie erfolgreich implementiert werden kann, ist die Kommunikation der Strategie und der Zielsetzung von großer Bedeutung. Bodo Müller konnte bereits die Marketing VPs und den CEO von seinem Plan überzeugen. Nun ist es wichtig, dass auch die Mitarbeiter überzeugt werden, da der Wandel ohne deren Mithilfe nicht funktionieren kann. Damit Strategie und Ziele für alle vermittelt werden können, eignet sich ein Kick-Off Meeting, bei dem die Änderung der Strategie und die neue Vision vorgestellt werden sollen. Dabei sollen im Vorfeld Ängste der Mitarbeiter und andere mögliche Widerstände oder Barrieren durch eine offene Kommunikation aufgedeckt und beiseitegeschafft werden. Außerdem sollen die Mitarbeiter dazu ermutigt werden, eigene Ansätze und Ideen zu entwickeln und einzubringen. Durch die offene und konstruktive Kommunikation wird zudem ein aktives Auseinandersetzen aller ermöglicht, wodurch für eine größere Akzeptanz und Verständnis gesorgt wird.

2. Einweisung und Schulung: Durch eine Änderung der Strategie ist es möglich, dass „Know-how"-Defizite entstehen und Betroffene dadurch Trainings- oder Schulungsbedarf haben (Welge, Al-Laham & Eulerich, 2017, S. 827). Bodo Müller strebt eine Strategie an, die sich an den Bedürfnissen und Herausforderungen des C-Levels ausrichtet. Das sogenannte C-Level Marketing ist für die Gesundheits- und Medizintechnik AG allerdings neu. Aus diesem Grund sollten alle Beteiligten zunächst hinsichtlich des C-Level Marketings geschult werden. Weiterhin möchte er ganzheitlichere, effizientere Lösungen für die Kunden anbieten. Aufgrund dessen muss bei den Mitarbeitern und Führungskräften speziell das Kosten-, Verbesserungs- und Einsparbewusstsein herausgebildet werden.

3. Schaffung eines strategiebezogenen Konsenses: Bei tiefgreifenden Implementierungsprozessen kommt es durch die Änderung von Machtstrukturen häufig zu Spannungen und Konflikten zwischen Beteiligten der gleichen oder einer anderen Hierarchieebene. Es

kann zu Ziel-, Verteilungs- oder Durchsetzungskonflikten kommen. Findet keine ausreichende Konfliktbewältigung statt, können daraus Willensbarrieren entstehen, welche im schlimmsten Fall ein Scheitern der Strategie hervorrufen können (Welge, Al-Laham & Eulerich, 2017, S. 829). Aus diesem Grund ist es wichtig, dass Bodo Müller ein Konfliktmanagement einführt. Dieses hilft mit Konflikten umzugehen und auch die positiven Wirkungen von Konflikten zu nutzen. Weiterhin sollten im Voraus die Aufgaben und Zuständigkeiten genau verteilt und persönliche Ziele besprochen werden, um Konflikten bereits im Vorfeld entgegenzuwirken.

3.2 Umsetzung

In der Umsetzungsphase wird durch sachbezogene Aufgaben ein reibungsloser Ablauf verfolgt (Welge, Al-Laham & Eulerich, 2017, S. 827). Auch in dieser Phase wird in drei Maßnahmen unterschieden (Bamberger & Wrona, 2012, S. 476).

1. Transformation: Bei der Transformation geht es darum, dass Bodo Müller die strategischen Entscheidungen bzw. Pläne in konkrete Aktionen überführt und Maßnahmen festgelegt werden. Dazu sollte gemeinsam mit den Marketing VPs ein Metaplan erstellt werden, der Verantwortlichkeiten vorgibt und Anfangs- und Endzeitpunkte für die nach Inhalt, Ausmaß und Zeit definierten Ziele enthält. In dem Metaplan sind die Aktionspläne chronologisch und nach ihrer Priorität geordnet. Aufgrund der Festlegung der Verantwortlichkeiten und Endzeitpunkte wird eine ordnungsgemäße Ausführung im Sinne der Strategieimplementierung gewährleistet. Wichtig ist, dass bei der Einplanung der Zeiten für die Aktionspläne immer etwas Reserve berücksichtigt wird. Sollte bei der Umsetzung von einem Aktionsplan mehr Zeit benötigt werden, kann durch die Reserve trotzdem der festgelegte Endzeitpunkt eingehalten werden. Weiterhin ist es wichtig, die Verantwortlichkeiten gleichmäßig auf alle Marketing VPs zu verteilen, um eine optimale Umsetzung zu gewährleisten.

2. Anpassung: Aufgrund der neuen Strategie müssen Anpassungen der Erfolgsfaktoren Organisationsstruktur, Unternehmenskultur, Managementsysteme sowie Personal und Führungskräfte im Unternehmen vorgenommen werden. Die Gesundheits- und Medizintechnik AG ist als Matrixorganisation aufgebaut. Jede der sieben unabhängigen Unternehmenseinheiten verfügt über ein eigenes arbeitendes Marketing-Team. Das C-Level

Marketing ist jedoch nicht einzeln für die sieben Unternehmenseinheiten möglich, sondern muss alle Produktlinien gemeinsam umfassen. Aufgrund dessen muss es zu einer Anpassung der Organisationsstruktur kommen. Die Marketing-Teams der einzelnen Unternehmenseinheiten könnten zu einer Abteilung zusammengefasst werden. Durch das Zusammenführen aller Marketing-Teams der einzelnen Produktlinien würde die Abteilung über viel Wissen verfügen. Weiterhin gilt es in diesem Rahmen auch die Prozesse im Unternehmen anzupassen. Zukünftig sollen für die Kunden ganzheitlichere und effizientere Lösungen angeboten werden. Deshalb müssen die Prozesse so angepasst werden, dass diese auf ein ganzheitliches Produkt ausgerichtet sind und die Herstellung für das Unternehmen kostengünstiger wird, sodass die Produkte auch preiswerter an die Abnehmer veräußert werden können. Dies könnte beispielsweise durch den Einsatz von günstigeren Ressourcen und modernerer Produktionsmaschinen möglich sein.

Im Verlauf der Strategieimplementierung gilt es, eine Ist-Soll Analyse der Unternehmenskultur durchzuführen. Dabei ist die Ist-Kultur mit der sich aus der Strategie ergebenden Soll-Kultur abzustimmen (Welge, Al-Laham & Eulerich, 2017, S. 820). Im Fall von Bodo Müller muss keine Anpassung der Unternehmenskultur vorgenommen werden, da die Eigentümerkultur auch bei der neuen Strategie beibehalten werden kann. Die Eigentümerkultur verfolgt dabei fünf Grundsätze, welche auch für die neue Strategie eine Rolle spielen. Die Führungskräfte sollen beispielweise für einen nachhaltigen Einsatz der zur Verfügung stehenden Ressourcen sorgen. Wie bereits erwähnt streben die Kunden nach einer effizienten Lösung, weshalb der nachhaltige Ressourceneinsatz auch bei der neuen Strategie relevant ist. Ebenso ist es auch bei der neuen Strategie von Vorteil, wenn der Anteil der Mitarbeiteraktionäre weiter gesteigert wird, da dies die Identifikation und Motivation der Mitarbeiter erhöht.

Weiterhin gilt es, das Managementsystem der neuen Strategie anzupassen. Dabei sollen die Informations-, Kontroll- und Kommunikationssysteme so ausgerichtet werden, dass klare und verlässliche Informationen über den Fortschritt der Strategieimplementierung in den Teilbereichen erhoben werden können (Welge, Al-Laham & Eulerich, 2017, S. 823). Dafür könnten im 14-tägigen Abstand 15-minütige Status-Meetings erfolgen, um alle Führungskräfte untereinander auf den neusten Stand zu bringen. Eine schriftliche Dokumentation der angesprochenen Punkte kann dann beispielsweise im Intranet für alle zur Verfügung gestellt werden. Ferner gilt es im Rahmen einer Anpassung des Managementsystems, Anreiz- und Motivationssysteme zu schaffen. Dabei stehen materielle (z. B. Dienstwagen, Prämie) und immaterielle (z. B. Beförderung, Arbeitsinhalt) Anreize zur Verfügung. Vor allem für Führungskräfte sind immaterielle Anreize von hoher Relevanz (Welge, Al-Laham & Eulerich, 2017, S. 823).

Auch den Erfolgsfaktor Personal und Führungskräfte gilt es im Rahmen der Strategieimplementierung anzupassen. Bodo Müller sollte den notwendigen Personalbedarf, der sich aus der neuen Strategie ergibt, in quantitativer und qualitativer Hinsicht ermitteln und mit dem Ist-Bestand gegenüberstellen. Durch die Erstellung von Anforderungsprofilen können die notwendigen qualitativen Voraussetzungen bestimmt und mit den Ist-Fähigkeiten verglichen werden. Mögliche Qualifikationsdefizite können entweder durch Schulungs- und Weiterbildungsmöglichkeiten oder durch Einstellung neuer Mitarbeiter beseitigt werden. Gleiches gilt für die Führungskräfte, da ohne entsprechend qualifizierte Führungskräfte die Strategieimplementierung bereits zu Beginn scheitern kann (Welge, Al-Laham & Eulerich, 2017, S, 825).

3. Motivierung und Mobilisierung der Mitarbeiter: Die Mitarbeiter tragen erheblich zur Umsetzung der neuen Strategie bei. Allerdings kann es während der Umsetzungsphase zu Verzögerungen, unbefriedigenden Ergebnissen, unerwarteten Problemen, Widerständen oder Konflikten kommen, wodurch die Motivation des Teams nachlassen kann. Dem gilt es mithilfe von geeigneten Kommunikationsinstrumenten entgegenzuwirken. Wie bereits unter dem Punkt „Anpassung" erwähnt, könnten die Ergebnisse der Status-Meetings im Intranet fixiert werden, wodurch jeder die aktuellen Entwicklungen nachvollziehen könnte. Weiterhin sollte einmal monatlich ein Gespräch mit den Mitarbeitern stattfinden, in dem diese ihre Anregungen und Ideen hervorbringen können, um sich an der weiteren Umsetzung zu beteiligen. Dabei sollten in diesem Gespräch auch (bald) erreichte Teilziele erwähnt werden, um die Motivation der Mitarbeiter zu steigern. Beim Erreichen bestimmter Teilziele können Aktienanteile an die Mitarbeiter übertragen werden, um diese am Erfolg zu beteiligen und deren Identifikation und Motivation zu erhöhen.

4 Balanced Scorecard

Das Balanced Scorecard soll durch eine Betrachtung aus verschiedenen Perspektiven Defizite in der Strategiebewertung und Zielvorgabe vermeiden. Dazu sollen die Unternehmensziele aus der Lern- und Entwicklungs-, Prozess-, Kunden- und Finanzperspektive entwickelt werden (Hungenberg, 2014, S. 309). Diese werden in der Ursache-Wirkungskette dargestellt, welche nachfolgend für die Gesundheits- und Medizintechnik AG erstellt wurde und zusätzlich die Kommunikationsperspektive miteinbezieht.

4.1 Ursache-Wirkungskette

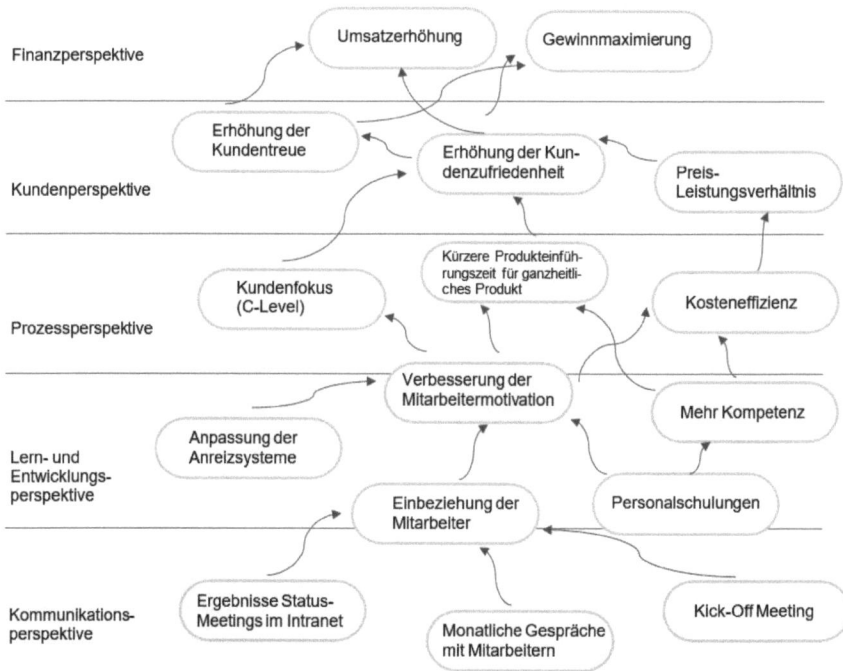

Abb. 1: Ursache-Wirkungskette für die Gesundheits- und Medizintechnik AG (eigene Darstellung)

4.2 Festlegung Ziele, Kennzahlen, Vorgaben und Maßnahmen

Während der Strategieimplementierung ist das Potenzial der strategischen Kontrolle von den Informationen des operativen Controllings abhängig. Mit der Balanced Scorecard werden Messgrößen und Zielwerte definiert, welche für das operative Controlling als Kontrolle dienen (Welge, Al-Laham & Eulerich, 2017, S. 978-979).

Tab. 2: Festlegung der Ziele, Kennzahlen, Vorgaben und Maßnahmen (eigene Darstellung)

Perspektiven	Ziel	Kennzahl/ Messgröße	Vorgabe/ Zielwert	Maßnahme
Finanzperspektive	Erhöhung des Umsatzes	Gesamtumsatz des vergangenen Jahres	+8 % zum Vorjahr	Durch die neue Strategie und die Ausrichtung auf die Bedürfnisse des C-Levels kann die Umsatzerhöhung vorangetrieben werden, denn Bestandskunden werden dadurch sehr wahrscheinlich auch zukünftig bei der Gesundheits- und Medizintechnik AG bleiben. Zudem kann die Gesundheits- und Medizintechnik AG durch die Neuausrichtung einen Wettbewerbsvorteil erlangen und dadurch schneller Neukunden generieren.
Kundenperspektive	Erhöhung der Kundenzufriedenheit	Kundenbefragungswerte	Indexwert von 180	Mithilfe von regelmäßig durchgeführten schriftlichen Kundenbefragungen soll die Kundenzufriedenheit gemessen und möglichst auf einem gleichmäßigen, hohen Niveau gehalten werden. Als Referenzwert soll dafür vor Einführung des neuen, ganzheitlichen Produktes eine Kundenbefragung durchgeführt und ausgewertet werden. Anschließend sollen die Kundenbefragungen vierteljährlich durchgeführt werden. Ziel ist es, die Kundenzufriedenheit um 80% zum Referenzwert zu steigern und diesen Wert zu halten bzw. idealerweise weiter zu erhöhen.
Prozessperspektive	Senkung der Herstellungskosten	Materialeinsatz pro Produkt	-15%	Damit die Herstellungskosten für Produkte gesenkt werden können, gleichzeitig aber die herausragende Produktqualität, für die die Gesundheits- und Medizintechnik AG bekannt ist, beibehalten werden kann, soll in effizientere Maschinen zur Herstellung der Produkte investiert werden. Diese kosten zunächst zwar zusätzlich Geld, allerdings können, durch die ressourcenschonende Verwendung, mit der gleichen Materialmenge mehr Produkte gefertigt werden. Dadurch können die Herstellungskosten gesenkt und trotzdem qualitativ hochwertige Rohstoffe verwendet werden.
Lern- und Entwicklungsperspektive	Regelmäßige Personalschulungen durchführen	Weiterbildungstage	10 Arbeitstage für Weiterbildungsmaßnahmen	Durch regelmäßige Personalschulungen soll gewährleistet werden, dass durch die dynamischen Marktgegebenheiten möglichst zeitnah auf mögliche Wissens- oder Fähigkeitsdefizite reagiert werden kann, um interne Prozesse schnell anzupassen. Zudem verbessert sich die Mitarbeitermotivation sowie Arbeitsqualität und -tempo. Dafür stehen allen Mitarbeitern zehn Arbeitstage pro Jahr zur Verfügung, die bis Ende des Jahres verbraucht werden müssen. Die Mitarbeiter können bei der entsprechenden Führungskraft die gewünschte Weiterbildungsmaßnahme anmelden. Die Führungskraft soll bei der Genehmigung der Weiterbildungsmaßnahme berücksichtigen, ob diese zu den Unternehmens- und Individualzielen der Person passt. Die Führungskräfte müssen ihre gewünschten Weiterbildungen bei der Geschäftsleitung anmelden und genehmigen lassen.

Kommunikations-perspektive	Transparente und konstruktive Kommunikation im gesamten Unternehmen	Anzahl Mitarbeiter	25 Mitarbeiter, gleichmäßig aus allen Hierarchie-ebenen	Eine transparente und konstruktive Kommunikation ist unerlässlich, um Ängste abzubauen und Widerständen sowie Konflikten vorzubeugen. Aus diesem Grund sollen einmal monatlich Gespräche mit mindestens 25 Mitarbeitern, gleichmäßig aus allen Hierarchieebenen, stattfinden. Diese sollen von den anderen Mitarbeitern gewählt werden und Anregungen und Ideen dieser sammeln, um eine Einbeziehung möglichst vieler Mitarbeiter, aus allen Hierarchieebenen, zu gewährleisten. Bei dem Gespräch sollen der aktuelle Fortschritt und bereits (bald) erreichte Teilziele besprochen und die gesammelten Ideen und Anregungen aus jeder Ebene berücksichtigt werden. Abschließend sollen die Resultate des Gesprächs in Form eines Videos von der Geschäftsleitung vorgestellt und im Intranet zur Verfügung gestellt werden.

5 Unternehmensethik

5.1 Praxisbeispiel

Der Volkswagen (VW) Konzern, welcher sich neben Automobilen in Finanzdienstleistungen gliedert, gehört zu den führenden Automobilherstellern weltweit und ist der größte Autobauer Europas (VW, 2021a).

Im September 2015 begann der Abgasskandal mit dem Vorwurf der Environmental Protection Agency (EPA), eine US-amerikanische Umweltschutzbehörde, dass VW bewusst den Clean Air Act, ein US-Bundesgesetz zur Luftreinhaltung, verletzt haben soll. Die EPA berichtete in einer Mitteilung über einen Rechtsverstoß, dass VW von 2009 bis 2015 bei behördlichen Abgasmessungen bewusst betrogen habe und Testergebnisse von Stickoxid-Emissionen bestimmter Dieselaggregate im realen Fahrbetrieb um das Vierzigfache zu hoch wären. Zwei Tage nach Bekanntwerden der Anschuldigungen hatte Martin Winterkorn, ehemaliger VW-Vorstand, die Manipulationen zugegeben. Damit die geforderten Werte eingehalten werden konnten, wurde eine Manipulationssoftware in die Fahrzeuge eingebaut, die bei Abgastests dafür sorgte, dass die US-Emissionswerte für Stickoxide eingehalten wurden, obwohl im Alltagsbetrieb Stickoxide über den Grenzwerten ausgestoßen wurden. Dabei waren nicht, wie zunächst angenommen, nur Fahrzeuge aus den USA und Kanada betroffen, sondern weltweit elf Millionen Dieselfahrzeuge. Weiterhin wurde bekannt, dass bereits 2005 bzw. 2006 darüber entschieden wurde, die Manipulationssoftware einzubauen und dass die Genehmigung für den Einbau aus dem Motorenentwicklungszentrum in der VW-Zentrale in Wolfsburg gekommen sein soll (MeinAuto.de, 2015). Zudem hatte eine Studie des Forschungsinstituts International Council on Clean

Transport (ICCT) und der Universität West Virginia bereits 2014 erhöhte Emissionswerte bei einigen VW-Modellen in den USA festgestellt, was VW seit Mai 2014 bekannt gewesen sein soll. Bereits Anfang September hatte VW der EPA die Manipulationsvorwürfe bestätigt, die allerdings gegenüber der Öffentlichkeit verschwiegen wurden. Erst mit der Bekanntmachung der Anschuldigungen durch die EPA, nahm Martin Winterkorn Stellung. Dieser trat einige Tage danach zurück. Im November 2015 stellte die EPA außerdem fest, dass auch drei-Liter-Motoren von der manipulierten Software betroffen waren. Einen Tag später gab VW selbst bekannt, dass sie Unregelmäßigkeiten bei den CO_2-Werten bemerkt hatten und weltweit 800.000 Fahrzeuge betroffen sein könnten. Wenige Tage nach der vorher genannten Bekanntmachung räumte VW ein, dass Testabläufe und Fahrzeuge für bessere CO_2-Werte manipuliert wurden. Im September 2016 sagte ein VW-Ingenieur aus, dass bereits 2006 an der Manipulationssoftware gearbeitet wurde. Weiterhin verschwanden Beweismittel wie Handys und E-Mails von Führungskräften. Im Januar 2018 bekam der Automobilkonzern erneut mediale Aufmerksamkeit, da er in den USA Affen bewusst Dieselabgasen ausgesetzt haben soll, um zu zeigen, dass die Schadstoffbelastungen abgenommen hätten. Weiterhin wurde im Juli 2018 durch interne Dokumente bekannt, dass hochrangige VW-Mitarbeiter bereits frühzeitig von den Folgen der manipulierten Abgaswerte gewusst haben sollen (NDR, 2020).

5.2 Unternehmenswerte

Der Volkswagen Konzern hat sieben Grundsätze, welche das Wertefundament des Konzerns und die Grundlage ihrer Unternehmenskultur darstellen (VW, 2021b).

1. Verantwortung: Wir sind Teil der Gesellschaft. Wir übernehmen soziale Verantwortung. Wir achten auf die Umweltverträglichkeit unserer Produkte und Prozesse und verbessern sie. Jeden Tag.

2. Aufrichtigkeit: Wir tun das Richtige aus innerer Überzeugung. Auch wenn keiner hinsieht. Wir haben keine Angst vor Hierarchien und sagen offen unsere Meinung. Wir hören einander zu und finden gemeinsam die beste Lösung.

3. Mut: Wir sind mutig. Innovativ. Erfinder. Macher. Wir lassen los und denken neu. Wir gestalten die Mobilität von morgen.

4. Vielfalt: Wir sind bunt. Unterschiedlich. Einzigartig. Teil des Ganzen. Wir sind offen. Für andere Denkweisen. Für neue Erfahrungen und Lösungen. Wir begegnen uns mit Respekt. Auf Augenhöhe.

5. Stolz: Wir stehen für nachhaltige Produkte und Qualität. Wir leisten einen wichtigen Beitrag zum Unternehmenserfolg. Mit Leidenschaft. Aus Überzeugung. Wirkungsvoll. Wir sind stolz auf das, was wir tun und wie wir es tun.

6. Zusammenhalt: Wir arbeiten zusammen. Vorbehaltlos und unkompliziert. Weltweit. Wir sind Brückenbauer. Keine Schrankenwärter. Gemeinsam unschlagbar. Wir stehen füreinander ein. Wir sind ein Team.

7. Zuverlässigkeit: Auf uns kann man sich verlassen. Wir tun was wir sagen. Und sagen was wir tun. Aufrichtig. Ehrlich. Was wir versprechen, halten wir. Wir gewinnen verlorenes Vertrauen zurück (VW, 2021b).

5.3 Wertebruch

Mit dem Abgasskandal hat VW gegen einige selbst aufgestellten Werte verstoßen. Der Konzern hat als seinen ersten Grundsatz „Verantwortung", welcher sich vor allem auf die soziale Verantwortung, also die Auswirkung ihrer Tätigkeiten auf die Gesellschaft und Umwelt, bezieht. Außerdem achtet VW im Rahmen dieses Grundsatzes auf die Umweltverträglichkeit ihrer Prozesse und Produkte. Allerdings hat VW bei dem Abgasskandals keine soziale Verantwortung übernommen und ebenfalls nicht auf die Umweltverträglichkeit geachtet. Der Konzern hat wissentlich Stickoxid und CO_2-Werte manipuliert, damit ihre Fahrzeuge die festgelegten Grenzwerte nicht überschreiten. Somit wurden negative Auswirkungen auf die Umwelt und damit auch auf die Gesellschaft von VW in Kauf genommen. Weiterhin wurden die Manipulationen verschwiegen und Beweismittel zurückgehalten. Die Kunden wurden demnach bewusst hintergangen und von VW wurde keine Verantwortung für ihr Handeln übernommen.

Das Unternehmen hat ebenfalls gegen seinen zweiten Grundwert „Aufrichtigkeit" verstoßen. Hätte der Konzern bereits vor der Bekanntmachung durch die EPA den Abgasskandal selbst öffentlich gemacht und geholfen diesen aufzuklären, hätte dieser zumindest
dann aufrichtig gehandelt und die Außenwirkung von VW wäre insgesamt positiver gewesen. Allerdings war VW die Manipulationen bereits bekannt, welche jedoch verschwiegen und erst viel später öffentlich wurden. Martin Winterkorn hatte außerdem eine
umfassende Aufklärung der Ereignisse angekündigt (NDR, 2020). Trotzdem wurden
während der Aufklärung interne Dokumente zurückgehalten, wodurch die Aufklärungs-
arbeit behindert wurde. Insgesamt lässt sich dieses Verhalten somit nicht als aufrichtig
einordnen.

Weiterhin hat der Konzern gegen den letzten Wert „Zuverlässigkeit" verstoßen. In diesem
heißt es, dass das Unternehmen halte, was es verspricht und VW das tue, was gesagt
wurde (VW, 2021b). Martin Winterkorn versprach, dass alles schonungslos aufgeklärt
werden würde und dies so schnell, gründlich und transparent wie möglich. Allerdings
hielt der Konzern bewusst interne Dokumente zurück und war somit weder schonungslos
noch transparent. Weiterhin wurden auch Jahre später nach dem Skandal immer wieder
Enthüllungen bekannt, was gegen die versprochene schnelle Aufklärung spricht. Insgesamt hat der Konzern nicht so gehandelt, wie es angekündigt wurde.

5.4 Konsequenzen

Aufgrund des Abgasskandals sind auch die internen und externen Stakeholder von Konsequenzen betroffen. Als Stakeholder werden alle Anspruchsgruppen des Unternehmens,
die dieses aktiv beeinflussen können und durch die Zielerreichung und das unternehme-
rische Handeln selbst beeinflusst werden, verstanden (Eberhardt, 1998, S. 146). Dabei
wird in interne (z. B. Mitarbeiter, Management) und externe (z. B. Kunden, Lieferanten)
Anspruchsgruppen unterschieden.

Die Mitarbeiter waren durch den Skandal stark betroffen, obwohl es zunächst hieß, dass
keine Stellen abgebaut werden sollen. Allerdings ging die Nachfrage aufgrund des Abgasskandals stark zurück, sodass einige Werke zeitweise verlängerte Werksferien hatten
und zahlreichen Mitarbeitern gekündigt wurde. In Emden wurde sogar eine Vier-Tage-
Woche von Oktober bis zum Fertigungsstopp aufgrund der Auftragseinbrüche eingeführt
und sechs deutschen VW-Standorten drohte die Kurzarbeit (NDR, 2020).

Auch das Management musste sich aufgrund des Abgasskandals verantworten. In Folge des Skandals erfuhren die Manager einen Vertrauensverlust, weshalb einige Posten ausgetauscht wurden oder selbst zurücktraten. Weiterhin wurden einige immer wieder befragt und mussten wegen des Abgasskandals vor Gericht (NDR, 2020).

Nicht nur die internen, sondern auch die externen Stakeholder mussten die Auswirkungen des Abgasskandals tragen. Aufgrund der eingebauten Manipulationssoftware und der insgesamt elf Millionen betroffenen Fahrzeuge mussten die Kunden sich zunächst informieren, ob bei ihrem Fahrzeug auch die Software eingebaut war. Zudem wurden vom Kraftfahrtbundesamt die Vorschläge von VW, zur Umrüstung der Fahrzeuge, bereits im November genehmigt, allerdings dauerte es bis zu den ersten Rückrufaktionen einige Zeit. Grund dafür war, dass die technische Umsetzung wohl doch nicht so einfach gewesen sein soll, wie zunächst vom Konzern angenommen. Die Kunden mussten sich also weiterhin in Geduld üben, ob ihr Fahrzeug umgerüstet oder von VW zurückgekauft wird. Viele Kunden hatten zudem Klagen eingereicht und Schadenersatzansprüche gefordert, wessen Klärung ebenfalls eine lange Zeit in Anspruch nahm (NDR, 2020).

Auch die Lieferanten waren von dem Abgasskandal betroffen, denn aufgrund dessen gingen die Bestellungen, über alle Baugruppen hinweg, zurück. Dadurch mussten auch die Zulieferer mit Umsatzeinbußen rechnen. Zudem könnte durch den Abgasskandal die Reputation der Lieferanten nachhaltig geschädigt sein, da die Kunden diesen möglicherweise nicht mehr vertrauen können.

6   Literaturverzeichnis

Bamberger, I. & Wrona, T. (2012). *Strategische Unternehmensführung. Strategien, Systeme, Prozesse* (2. Auflage). München: Vahlen.

Eberhard, S. (1998). *Wertorientierte Unternehmensführung. Der modifizierte Stakeholder-Value-Ansatz.* Wiesbaden: Springer Gabler.

Hungenberg, H. (2014). *Strategisches Management in Unternehmen. Ziele – Prozesse – Verfahren* (8., aktualisierte Auflage). Wiesbaden: Springer Gabler.

Kotter, J. P. (2007). Leading Change. Why transformation efforts fail. *Harvard Business Review*, (Januar-Februar), 1-10.

Lauer, T. (2019). *Change Management. Grundlagen und Erfolgsfaktoren* (3., vollständig überarbeitete und erweiterte Auflage). Berlin: Springer Gabler.

MeinAuto.de (MeinAuto GmbH, Hrsg.). (2015). *VW Abgasskandal – eine Zusammenfassung.* Zugriff am 14.05.2021. Verfügbar unter https://www.meinauto.de/ratgeber/vw-abgasskandal-eine-zusammenfassung

NDR (Norddeutscher Rundfunk, Hrsg.) (2020). *Die VW-Abgas-Affäre: Eine Chronologie.* Zugriff am 15.05.2021. Verfügbar unter https://www.ndr.de/nachrichten/niedersachsen/braunschweig_harz_goettingen/Die-VW-Abgas-Affaere-eine-Chronologie,volkswagen892.html

Reisinger, S., Gattringer, R. & Strehl, F. (2013). *Strategisches Management. Grundlagen für Studium und Praxis.* München: Pearson.

Thompson, A. A. & Strickland, A. J. (1998). *Crafting an implementing strategy. Text and readings* (10. Auflage). Boston: Irwin & McGraw-Hill.

VW (Volkswagen AG, Hrsg.). (2021a). *Der Volkswagen Konzern.* Zugriff am 14.05.2021. Verfügbar unter https://www.volkswagenag.com/de/group/portrait-and-production-plants.html

VW (Volkswagen AG, Hrsg.). (2021b). *Das Wertefundament des Konzerns.* Zugriff am 14.05.2021. Verfügbar unter https://www.volkswagenag.com/de/group/volkswagen-group-essentials.html#

Welge, M. K., Al-Laham, A. & Eulerich, M. (2017). *Strategisches Management. Grundlagen – Prozess – Implementierung* (7., überarbeitete und aktualisierte Auflage). Wiesbaden: Springer Gabler.

7 Abbildungs-, Tabellen- und Abkürzungsverzeichnis

7.1 Abbildungsverzeichnis

Abb. 1: Ursache-Wirkungskette für die Gesundheits- und Medizintechnik AG (eigene Darstellung)..16

7.2 Tabellenverzeichnis

Tab. 1: Acht-Stufen-Modell nach Kotter (Reisinger, Gattringer & Strehl, 2013, S.190)...7

Tab. 2: Festlegung der Ziele, Kennzahlen, Vorgaben und Maßnahmen (eigene Darstellung)...17

7.3 Abkürzungsverzeichnis

EPA	Environmental Protection Agency
ICCT	International Council on Clean Transport
VP	Vizepräsident
VW	Volkswagen